U0584138

汉 字 中 国

汉字与节气

田舍之 | 著

少年儿童出版社

汉字是一眼泉
—— 写给小朋友的话

　　我看汉字，是一个个活泼泼的精灵。好多年了，这些古老的精灵常常在时空的缝隙里探出头来，俏皮地眨眨眼，像是与你捉迷藏的孩子。我找寻它们，于是慢慢走近古人，走进五千年文明，时时能捡拾到散落在历史长河边的五彩斑斓的智慧之贝。

　　初识这些精灵是二十几年前的事，不过那时只是猎奇，只是用它们来装点生活，如同路边采撷一枝不常见的野花，簪在发梢，添一分美艳。一件事物，被视作工具时，即便了解得再深刻、掌握得再熟练，都不过是一种技艺，没办法感知温度、触及灵魂，没办法润泽生命、滋养内心的安宁与欢悦。

　　将我唤回正途的是孩子们。十年前，教几个孩子写字，闲暇时，画些甲骨文让他们猜，没想到他们满眼的惊喜，没想到他们可以精准地说出那些符号的本义，甚至可以描述出一个个的故事。那一刻，忽然觉得讲授知识和技艺没那么重要了，那时起，决定和孩子们一起亲近汉字，带他们探知汉字背后的故事和秘密。

　　我们先开了画字课：列一个主题，试着用最简单的符号表述，看谁画出的"字"最生动、准确。能把复杂的事物刻画得简单、准确，不容易。比如"人"，我们能画出正面直立的"大"的形状，没办法简约成侧身弯腰劳动的形象；比如"天"，我们会画一朵朵的云，会画日月星空，想不出在人的头顶标注出天的意象；比如"问"，我们可以想到一个人询问另一个人的场景，不会简化成一扇门、一张口……

比起画字，孩子们更喜欢看"字"讲故事。"月"，他们会说月牙中的点是玉兔、金蟾、嫦娥或吴刚；"安"，他们说是妈妈等他们回家吃饭；"习"，他们说是春天的清晨小鸟偷偷溜出温暖的窝迎着朝阳练习飞翔，甚至说是被后羿射落的三足金乌飞回来陪昔日的兄弟朝升夕落……

我从不点评，只告诉他们没有对错，没有标准答案，只有思维是否精炼合理，思想放飞得是否足够遥远。我喜欢看他们认真观察、努力思考的样子，喜欢他们自由自在、无拘无束的畅想。我总觉得他们需要这样的抽象与想象，需要感悟那些汉字精灵的睿智，需要在这样漫无边际的遐想中与远古的智慧碰撞、汇通，继而开创自己美好的未来。

　　有一次，我给他们讲"学"："子"是学生，"冖"是房子，"爻"是知识，上面那双大手是老师。有孩子问："为什么老师的手在教室外面呢？"没想过这个问题，一下子语塞。后来有孩子说那是天神的双手，说神话故事里人都是和神仙学本事的，包括孙悟空，师父是菩提老祖，所以才有了后来的上天入地、神通广大。这个说法倒是有趣，是否有神仙姑且不说，伏羲画卦、仓颉造字，确是仰观天文、俯察地理而来，而且"神"字的金文，中间是表示贯通天地的竖，两侧就是和"学"字一模一样的倒垂的大手。

　　孩子们的眼睛里，是干净得没有渣滓的世界，这种纯净，能清洗心霾。好多汉字，是他们启发了我的思考，甚至有些字，是他们教会我该如何认知。

　　汉字是一扇门，门外是知识，门里是智慧。汉字是一眼泉，汩汩而出的是清澈，濯净澄明的是心田。这十年，感恩那些陪我一起长大的孩子们，感恩那些精灵般的汉字，他们让我不泥陷于知识的海洋，让我窥见传统文化背后的精微与深邃，他们让我在红尘侵染中找回自己，让我在心底种下一抹柔软与清明。

这些年，我于汉字，如入山寻宝，每有所获，且生命越经历，所得越丰厚。那些汉字精灵，常常在我认知的一步之遥等着我，可当我迈进，伸手去触摸时，又倏地闪到更远处。我曲曲折折地追着它们走，穿越经典，穿越亘古，隐约遇见了光。有时我会想，或者它们不是与我捉迷藏，只是想带我去往它们生出的地方。那里，一定很美好。

写这套书，写这些文章，心里只有一个念头，若是孩子们能随我同去，该有多好。

田舍之
戊戌夏至于潮白河随寓

目　录

我们都是春的孩子

小时候总盼着过年，有新衣服，有好吃的，还可以不写作业，兜里揣一把小炮仗，约了小伙伴疯狂地玩儿。记忆中，最热闹的是大年初一，天还没亮，各家各户的鞭炮声便此起彼伏地响起，然后就是成群结队地拜年和祝福。每家门上都是红彤彤的春联，每个人脸上都绽放着欢喜。当然，对我们来说，最高兴的是给长辈拜年后，有压岁钱拿……那是我们一年中最富有、最快乐的时光。

那时候过年很喜庆，孩子们忙着玩儿，大人们忙着打扫房屋、置办年货。所谓年货，印象中就是买好多好吃的，而且大概要储备十来天的量才行，因为过年的时候商铺都关门了，买不到东西。那时候，过年是一年中最重大的事，忙了一年，都盼着这几天，亲朋欢聚、家人团圆，可以好好地放松一阵子。

过年，是流传了几千年的传统习俗，是中国人最盛大的节日。大概从汉代开始，每年的正月初一被定为新一年的开始，称为"年节"。辞旧迎新，人们很认真、欢快地对待"年节"，期望新的一年有个美好的开端。

古代把这一天也称为"元旦"。"元"字由"二"和"人"组成，这里的"二"是最早的"上"字，人的头顶之上是浩瀚的太空，所以"元"字有天地未辟、混沌初始的本义，后来引申出起点、开始的含义。"旦"字很直观，下面的横表示地平线或海平面，上面的"日"是太阳，太阳初升浮出地面，于是昼夜分、天地明、一日始。用这样两个字来命名新年第一天，很有画面感，很有味道。

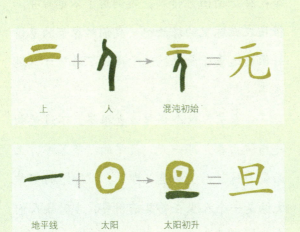

上　　　人　　　混沌初始

地平线　　太阳　　太阳初升

003

"元旦"这个词早在《晋书》里就有了。汉武帝之后，元旦确定为农历的正月初一，直到清朝灭亡，中华民国把元旦改到公历的1月1日，正月初一才有了个新名字——春节。于是现在我们常说的新年就有了两个，一是公历的元旦，一是农历的春节。

农历是我们祖先所创，几千年来沿用至今；公历由西方传入，我们用了不过百年。根植在血脉里的缘故吧，我们对春节的感情好像远远重于元旦，总觉得过了春节才算过了年。

"春节"这个词起源也很早，不过最初是指"立春"那一天。最早的"节"字，上面是"竹"，下面是"即"，"即"的甲骨文像是一个人坐在餐具前用餐，古时候人们会截一段带节的竹子做餐具，所以"节"字本义突出的是竹节，后来由此衍生出节点的含义，于是有了"节日""节气""季节"等词语。节气，是古人依据天时气候划分出的节点，"立春"是二十四节气中的第一个。

竹子　　　就餐　　　节点

　　"立"字的甲骨文很好玩儿，下面的一横表示大地，上面是一个直立的人形。一个人，双腿分开，张着臂膀，直立在大地上，很神气的样子，表示什么含义呢？应该不仅仅是站立的意思，更像是一个人终于长大了，很骄傲地站在那里，炫耀着自己的长成。所以古时候的"立"字也有开始的意思。立春，表示春天到来了。

人 + 一 → 立 = 立

直立的人　　　大地　　　站在地上

人们经历了冬天的休憩，在春天来的时候，又开始了耕种的准备，期待着秋天的收获。一年之计在于春，面对四时起始、万物复苏的春天，人们总是充满了生机和希望。"野火烧不尽，春风吹又生"，大自然中最具有生命力的就是草木，春天的"春"字，就是用草木来展示生机的。最早的"春"很像是一幅画：上下是草木，中间是"日"，右边是"屯"——小草初生的样子。春光明媚的早晨，太阳从草丛里冉冉升起，一株小草顽强地、努力地钻出地面，萌萌地探视着这个世界……多么可爱的汉字，形象地表述了春的模样。

戊戌小满 简山作

春 = 草木 + 太阳 + 屯：小草初生 + 春日里小草破土而出

古人很重视节气，因为要依此指导耕种，古人所说的春天是从立春算起的，所以每年的立春被称作"春节"。其实，立春也好，春节也好，北方的天气还很寒冷，还看不到春天草木葱茏的迹象，不过这时阳光已经变得温暖了，地下的植物和蛰伏了一冬的动物开始苏醒和萌动了，新的一年真的到来了。新年里，人们也如同初生的草木一样，沐浴着春的气息，满怀着幸福和美满的期盼。

我爱汉字，爱祖先流传下来的文化，我能真切地感受到古人的情感与智慧。新的一年里，我们都是春的孩子，让我们一起快乐地拥抱汉字、拥抱春天，让我们用身心与它们融汇，感悟其间的博大与深邃，体会其中的至简至真之美。

雨里生出的希望

喜欢下雨的春天。经历了严冬的大地，好像只有在雨的轻抚下才能渐渐苏醒，缓缓延展成春的模样。

春雨的印象满是清爽，没有夏的热烈，也不似秋的萧凉。这时出游，若不在意湿了衣服，能感受到天地间别样的清朗。皎然和尚《饮茶歌》里说的"忽如飞雨洒轻尘"，没在春雨里行走过的人怕是很难体会得到。

"朝雨浥轻尘"，不只是柳色新，人们也从冬的慵懒中慢慢鲜活起来，生出许多美好的希望。

人们对雨的喜爱甚至尊崇是自古就有的。正月十五前后，有一个节气就叫做"雨水"，这是紧跟立春之后的一个节气。此时东风解冻、冰雪消融，南飞的鸿雁次第归来，草木也在"润物细无声"的春雨中萌动，开始准备舒放身体，抽展出嫩嫩的新芽。古人觉得这时节的雨最能滋养生命，尤其是庄稼，需得春雨才能更好地生发。所谓"春雨贵如油"，是真正亲近土地、自然、草木的人的由衷赞叹。

甲骨文的"雨"有好几种写法，这些字看似大同小异，细琢磨，各有各的意趣。最简洁直观的字形，上面是一条横线，下面是

六个点，横表示的是天空，六个点是雨滴的
形状，也是甲骨文"水"字中间断开的样子，
合起来表示天空中零零落落降下的雨帘。有
的甲骨文，雨滴上面是一短一长两条横线，
这是"上"的形状，强调雨水来自"上天"。
古人认为"地气升为云，天气降为雨"，最
初造"雨"字的人，可能也有这样的认知。

一　＋　川　→　川　＝　雨
天空　　　水帘　　　天空降水

二　＋　川　→　川　＝　雨
上　　　雨滴　　　天气降为雨

还有些甲骨文，把上面的横线和下面的雨滴连成了一体，甚至把上面演变成了"巾"的形状……估计后来觉得不太像了，于是又在顶端加了一横，这倒是很像是现在的"雨"字了。许慎在《说文解字》中说"一"像天，"冂"像是低垂的云团，有"水"零落其间。一向崇尚精简的古人，在一个字上如此煞费苦心，该也是太爱惜的缘故吧。

雨帘　　　上天　　　天上的云团降水

伴随着雨，往往有雷电。最早的"雷"字，中间是一道曲折开裂的闪电，旁边加了两个圆圈，表示闪电霹雳发出的巨响。有的甲骨文把闪电旁的圈改写成表示车轮的"田"，古人觉得伴随闪电而生的滚滚雷声，很像是天神的战车在天穹隆隆驰过。金文里，把车轮改成四个，强调天雷轰鸣，并在雷电上面加了"雨"字，表示雷雨交加。可惜这么好玩儿的字，后来把闪电简省了，只保留了"雨"和"田"，成了现在的"雷"。

分叉的闪电　　轮子　　伴随闪电发出的滚动的巨响

闪电　　雷声　　雨　　伴雨而生的雷

和"雷"相关的是"电"字，"雷"字甲骨文中间部分就是"电"的本字。有意思的是这个字最初是"申"，后来演变成了"神"和"电"。古人对闪电的刻画非常形象，主体很像我们平常表示雷电的折线，只是在两端又分裂出蜷曲而神秘的枝丫。这个字形到金文的时候发生了很大的变化，中间的折线变成了竖线，表示一切，两端开裂的闪电变成了两只大手，表示雷电等一切事物都是由天神掌控的，于是慢慢演变出"神"的含义，而闪电的本义就用加了"雨"字头的"電"来表示了。

向各个方向开　　雨　　　雨中的闪电
裂伸展的闪电

一切　　　手持　　　掌控一切的天神

如此看来，我们祖先造字，更多的是对自然的认知和对客观的描述，没夹杂太多的猜测和臆想。所谓神话，只是后人编撰出的故事，经不起推敲。比如雷神，《山海经》上说它是龙身人头，王充的《论衡》中它又成了手持槌鼓的力士，再后来它又成了袒胸露腹，背有翅、足似鹰、脸如猴的雷公……

读了这么多年书，掌握了越来越多的知识，也习惯了从科学的视角来分析判断事物，可有时候，竟然会很怀念童年的无知。小时候读《西游记》，读得多了，下雨的时候会跑出去看天空，觉得没准儿能看到雷公或者

龙王，全不管他们的关系，也不管他们是如何协同工作的。那些日子很快乐，看什么都是有生命的。

最近常常想，我们的生活里，是不是也该留几分这样的懵懂与遐想？如此，我们再面对自然、面对风雨时，会多一分诗意与人情，多一分柔软与温暖。或许，这个世界亦会因此多一分爱，多一分希望。

二月春风似剪刀

北方的春天是要到二月才有些样子的，不过这里说的"二月"，是指农历，也就是出了正月之后。俗话说"五九六九，沿河看柳"，此时正值农历二月，冰雪消融了，柳树刚刚抽出嫩嫩的芽儿，这时的绿，鲜灵得惹人爱怜。贺知章的"二月春风似剪刀"，说的就是这个时节的柳叶。

二月初一前后，有一个叫"惊蛰"的节气。"蛰"是躲藏、蛰伏的意思，有些动物，比如青蛙、蛇、蚯蚓，一到冬天就蛰伏起来，进入冬眠的状态，要等到二月天气回暖，才结束冬眠出来活动。

其实"惊蛰"的名称是汉初以后才有的，之前人们把这个节气称作"启蛰"，"启"是开启的意思。甲骨文的"启"字，左边是"户"，表示单扇门，右边是"又"，表示一只手，用手推开门，就是开启。后来的"启"字下面加了个"口"，大概是不能随随便便推人家的门，总要有些礼貌，客气地招呼一声吧。那些冬眠的动物、昆虫们，是谁把它们招呼醒的呢？古人认为是隆隆的雷声惊醒了它们的睡梦，所以后来才有了"惊蛰"的名称。

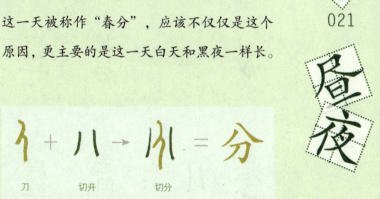

户门　　手　　口　　打招呼后用
　　　　　　　　　　手推开门

　　二月还有一个很重要的节气——春分。春分的"分"字，中间是一把刀，上面的"八"字表示物体被分为两半。春分这一天是整个春季最中间的一天，平分了整个春天。不过这一天被称作"春分"，应该不仅仅是这个原因，更主要的是这一天白天和黑夜一样长。

启
引

昼
夜

刀　　切开　　　切分

白天和黑夜是有边界的。古时候把白天称为"昼"，最早的"昼"字，上面是"聿"，一只手拿着毛笔的样子，下面是"日"，表示记录日出日落的一天。演变到篆书时，在原来的字形上加了"八"，表示昼夜的分割，在"日"字下面加了一横强调日出地面为昼。有界限、有阳光的白天就是"昼"，相反就是"夜"。

手持毛笔记录　　太阳　　　日出时提笔记录

记录时日　　时间分割　　地面

"夜"的本字是"亦"，甲骨文的"亦"是在一个人的两臂之下加了两点指事符号，表示人体的两腋，金文时把其中的一点改成表示肉的"夕"，于是有了现在的"夜"字。人的腋下是黑暗的，所以"夜"字后来引申出黑夜的含义。

表示腋的"亦"　　肉　　　人的两腋

　　一年中，白天和黑夜的长短是随着季节变化的，只有两天昼夜均分，其中一天在春季，也就是"春分"，还有一天在秋季，被称作"秋分"。一年里，春分之后昼长夜短，秋分之后昼短夜长。

古人非常重视"春分"。人们认为，从这一天开始，阳光战胜了黑暗，太阳的力量渐渐生发出来了，大地越来越温暖，万物苗壮生长，需要勤劳地耕种了。人们感恩太阳，所以会在这一天隆重地祭拜，祈求太阳神赐予这一年的五谷丰登。现在北京的日坛，就是古时候春分时节皇帝带领文武百官祭日的地方。

人们注重"春分"，可能还和"中"有关。春之中也好，昼夜均分也好，核心都是均衡、居中。古人认为"中"是最好的，无论偏向哪边都是"过"，过了就不好、就错了，所以才有了"过错"这个词。我们都是中国人，我们的骨子里是崇尚"中"的，不落后，也不激进，不欺负人，也不被人欺，如此才立得住，才稳定，不歪不斜。

在这个乍暖还寒的春风里，抚摸着二月

裁出的细叶，度量着昼夜的变换，我们会在不知不觉中与万物一起长大，长成一个阳光快乐、中正平和的中国人。

养一颗清明的心

一直觉得，最美的春天在农历三月。草长莺飞，天地间铺满了清绿的色泽，阳光洒在身上，酥酥暖暖的，所有的生命都像是睡足的孩子，伸个懒腰，登时活泼起来。所谓阳春，大概就是赞叹三月的明媚与生机吧！

三月也被称作暮春，即晚春。

"暮"字出现得晚，最早表示这个意思的字是"莫"。甲骨文的"莫"字很有画面感：红彤彤的太阳落在草丛里，表示日落时的傍晚。《论语》里有一段很有诗意的句子："莫春者，春服既成，冠者五六人，童子六七人，浴乎沂，风乎舞雩，咏而归"。这句话的意思是说，暮春时一群大人孩子穿上了春天的衣服，去河里洗洗澡，在高台上吹吹风，玩儿够了，唱着歌回家。多么美好的情景，多么美好的时光。

太阳　　　草丛　　　阳光隐入草野　　　暮

踏青是自古就有的习俗，所以我们熟知的清明节也被称作踏青节。不过最早的"清明"只是个节气。清明的"清"是个形声字，古人造字，是花了很多心思的。"清"字左边的"三点水"表形，看到这部分，我们是不是能想到水的清澈，还有被水冲洗过的干净明亮？右边的"青"虽然只是表声，但"青"字的篆书，上半部分是生命的"生"：一株草木，鲜活地生长在泥土之上，是不是充满了生机？

草木　　　　土　　　草木从泥土里长出

"明"字的甲骨文有两种写法：一种由"日"和"月"组成——太阳和月亮能给世间带来光明，这样的会意很是简洁明了；还有一种，由"囧"和"月"组成，"囧"很像是窗户——夜里，月光穿透窗牖，驱逐了黑暗、点亮了屋舍……诗意满满的情境，在一个简单的汉字里跳脱出来，很美好。

太阳　　　　月亮　　　　日月照耀　　　明

月亮　　　　窗户　　　　月亮照进窗户　　明

情

戊戌小满 前山

清明时节，天地万物如同被洗涤过一般洁净清澈，大多植物也纷纷抽出新嫩的枝叶，明丽、光鲜，用"清明"来描述这个节气真是再贴切不过了。古人的词句，细细寻味，满是智慧与情怀。

"清明"后来变成纪念祖先的节日，与寒食节有关。民间传说寒食节是为了纪念晋国忠臣介子推而设立。但从历史沿袭来看，禁火冷食很可能是反映了古人改火的习俗。远古时候，我们的祖先"发明"了火，从而彻底改变了人类的生活方式。最早的古人采用钻木的方式取火，火种来之不易，取火的树种会因季节而不同，因此"改火"与"换取新火种"是古人生活中的一件大事。暮春前后正值改火时节，清明节气前一两天新火未到，禁止生火，人们只吃冷食，这也充分体现出古人对火的敬重，而这样的风俗可能就是"寒食节"的起源。后来"寒食节"又增加了纪念先祖、清扫坟茔的内容，成为古代很重要的祭祀节日。大概到了唐宋时期，由于"寒食节"和"清明节"离得很近，所以合并成一个，很多习俗也都融合到"清明节"中。

古人很重视清明节，不仅是因为花红柳绿，可以去踏青戏水，更重要的是祭祖。那时候，人们把祭祖这件事看得很重，孔子甚至认为这是"孝"的一部分。他曾经给弟子讲：父母在世时能够依礼侍奉，去世后能依礼安葬、祭祀，才算是真正的尽孝。这样的祭礼和"孝"的背后，并非是倡导迷信，也不只是一种礼节和形式，更多的是滋养一分仁爱，培育一分恭敬与肃穆。

时至清明，我们在享受清风明月的同时，或者还可以试着检点自己、清洗心灵，可以

033

陪着父母去追思一下先祖、致敬生命的根脉，可以在这春意盎然的时光里，静静感受生命的舒展，涵养出一颗更加清净明白的心。

谷雨遐想

谷雨是春季的最后一个节气。这时天渐渐暖了，风儿轻柔了很多，草木也不再是春寒料峭的样子，慢慢都伸展开了肢体。这时节最宜踏青，土地是松软的，很有弹性，像是少女的皮肤。尤其一场春雨过后，万物如同出浴，娇媚中糅着一缕幽幽的香，可以醉人。

谷雨之后雨水开始增多，古人说"雨生百谷"，大概是觉得这时的谷物是最喜雨水滋养的，如同初生的婴儿贪恋母亲的乳汁。婴儿是眼见着一天天长大的，据说禾谷也如此，吸吮了雨水之后，也一天天茁壮起来，所以有了"谷雨"的名称。

关于"谷雨"，还有另外一种描述——传说当年仓颉造字完毕，天上下了一场谷子雨，后人感念仓颉造字的功德，便把祭祀仓颉的日子定在下谷子雨的那天，于是有了谷雨节。

古书中对于这场谷子雨的记载是"天雨粟"。人们对"天雨粟"的看法不大相同，有人觉得这是天帝对仓颉造字的奖励，有人觉得这是凶兆，认为自此"诈伪萌生，弃耕作之业"……意思是文字出现以后，人变得更聪明了，于是欺诈与虚伪也滋生出来，甚至会有很多人放弃农务耕种，上天觉得百姓会因此挨饿，所以才降下粟米……

且不说曾经是否真的有这样一场谷子雨，细琢磨，古人对这件事的解读很有意思。毕竟文字的出现推动了人类社会的发展，如此重大的事件，天帝为之感动而赏赐粟谷的说法自然是顺理成章。关于"凶兆"，也不觉得荒诞，因为我知道，古人对文字的认知远比我们深刻，探究那些文字，真的可以启迪智慧。

比如谷雨的"谷"字，就不是我们看到的这么简单。最早的"谷"字有两种写法，一种是"谷"，下面的"口"表示山口，上半部分是"水"的简省，表示水流半隐半现地从山口流出。估计是因为最初的禾谷产于群山夹水的河谷洼地，所以古人假借山谷的"谷"来表示谷物。

八 + 口 → 谷 = 谷

"水"的简省　　　山口　　　涧水汇集的洼地

　　另一种写法是"穀"，这个字金文的形状是由"殼"与"禾"组成。"禾"是象形字，下面的"木"表示植物，上面是下垂的穗子，表示成熟后结穗的庄稼。"殼"字有点儿复杂，"声"的上半部分表示绳子悬挂，下半部分表示石磬，右边是一只手拿着物体敲击。"殼"与"禾"放在一起表示谷物，有人说是因为禾谷成熟后需要敲打去皮才能成为粮食，有人说"殼"是"馨"字的简省，如此造字是要强调禾谷成熟后散发出的馨香。我更偏爱后者的解读，因为再看这个字时，隐约可以闻到一丝熟熟的香。

戊戌
夏
簡山
畫

敲打石磬　　　成熟的庄稼　　　庄稼去皮后
　　　　　　　　　　　　　　　成为粮食

　　"谷"是百谷的总称，其中有一种是
"黍"，也就是我们现在常见的黄米。"黍"
字的甲骨文很有意思，上面是成熟了的"禾"，
下面是"水"，旁边还有水滴。最初看这个字，
一直不理解为什么要用"水"和水滴来表示
黄米，后来见到孔子的解释："黍可为酒，
禾入水也"，才知道古人是想告诉我们——
这种谷物不只是粮食，最要紧的是可以酿
酒……

成熟的"禾"　　水滴　　可以酿酒的黍米

　　走近这些汉字，慢慢会沉迷于它们的温暖与玄妙，会感知到古人造字时的情致，会听到智者娓娓地诉说。汉字，不是简单地描摹，而是对自然、对事物的理解与勾勒。如此，认知汉字，便不只是掌握一项语言表述的工具，更是获取远古智慧的门径。今年谷雨，于天地清明之际，或者我们可以试着拜谒仓颉，听他聊聊汉字背后的故事……

谷穀

041

黍

初夏未满

北方的四月还不太热，虽然少了几分暮春的清明，也缺一点南方的温润，但暖暖的风吹开了路边的海棠与丁香，各色的花儿次第绽放着，大片大片的二月兰漫成了海洋，再加上几缕飘摇的柳枝和如雪般飞舞的柳絮杨花，自是一番风情。尤其我回家时必经的河堤上，高高的树在顶端交握成密密的穹庐，从缝隙中穿过的阳光在蜿蜒的小路上错综出陆离的光影，经行其间，恍若身处梦境一般。

四月有个节气叫"立夏"，标志着夏天自此开始了。我看"夏"字，总有一种繁荣气象，估计和那些花草树木的华茂印象有关。不过古人造这个字时好像没有这些小情调，甲骨文的"夏"，左边是一个人，右边像是一件农具，人形的图案中突出了眼睛、手和脚的部分，应该是要重点表示观察、劳作和走动。一个人，手握农具，一边观望，一边在田间不停地耕耘、劳动——这大概就是"夏"字要描述的意象。

突出眼、手、 锄具　　手握农具
脚的人　　　　辛勤耕耘

　　这个字里最吸引我的，不是夸张的脚掌和生动的双手，也不是非常形象的尖嘴锄头，而是那只大大的眼睛，还有眼睛上面长长的类似睫毛的三条线。总觉得，那三条线表示的是目光：一个农人，仰望天空，观察天象，依时耕耘劳作……

　　如此，在这个"夏"字里，我们看到的便不只是勤劳，还有远古时代农人的智慧。他们很早就认知了天时运转和农作物生长的关系，他们一直在用心地感知着天地草木，他们不断地观察、总结、实践，让自己无限地接近自然。我常常会追慕那样的时代，简单、自在。

　　"夏"字演变到金文时变得更加具象了：正中的"页"表示头，强调了思考、琢磨；右边的"爪"表示抓握；左边的"刀"表示农具；左下方的"卜"表示占卜天象；右下方的"耒"表示翻地的工具……篆书时，省去了农具，保留了"页"和双手，增加了表示脚的"夂"，突出了手脚忙碌的含义。

045

头　抓握　刀　占卜　耒　　占卜天象
　　　　　　　　　　　　　耕耘劳作

头脑思考　　双手　　脚趾　　忙碌耕作

大头、大手、大脚，从篆书的字形可以看出，"夏"有"大"的意思。万物经历了春的萌发，到了夏季，都繁荣壮大了，所以这个季节被称作"夏"。

不过我们祖先造字一贯崇尚简单，原本有一个"大"字很简洁形象地表示了大人，为什么还要造出这样一个复杂的"夏"来表示"大"呢？可能是古人觉得仅仅用一个正面直立的大人的形状，还不足以表述"大"，不足以抒发自己的感受和情怀吧。古人的心思我们猜不透，但有时候想想，很可爱。

"夏"字起源很早，据说最早带领人们从事农业耕种的部落首领就被后人尊称为"夏"。再后来，夏人建立了最早的农业制度，并逐渐完善了指导农事活动的天文历法，史称"夏历"。我们常用的二十四节气，应该在那时候就有了雏形。《说文解字》中对

"夏"的解读是"中国之人也"，这里的中国，大概是指中原，传承、践习着农耕文明的人。

民以食为天，古人非常重视农作物生长的每一个时节。"立夏"时，古代的君王会带领文武百官到郊外迎夏，并指令一些官员去各地勉励农民耕作。很有意思的是，这一天的活动，所有人都要穿红色的衣服，甚至马匹都要选红色的，这大概是古人对"夏"的尊重吧。夏天是成长的季节，也是个热烈的季节，红红的颜色，不仅表达了喜庆，也是应和了这个季节的色调。我们的祖先是很有情致的，对自然、对万物充满了热爱。

立夏之后，有一个叫"小满"的节气。这时一些夏熟作物的籽粒开始灌浆饱满，但还未成熟，所以称作"小满"。古人对这个节气名字的解释是"物至于此小得盈满"，其实"盈"和"满"是一个意思，《说文解字》中对"满"的解读就是"盈溢也"。"盈"字的甲骨文可追溯出几种写法：一种是器皿上面有相背的两个人，中间是水，表示两个人进入浴缸后，缸内的水溢出；一种是用"止"字代替器皿上的人，强调脚踏进装满水的浴缸里。金文的"盈"字综合了这些字形，保留了器皿和脚，将"人"写成了"乃"。后来演变到楷书时，又把表示脚的"夂"写成了"又"，于是有了现在的"盈"字。

049

两个人　　溢出水　　两人进入器　　"止"代替了人
　　　　　的容器　　皿后水溢出

"人"写成了"乃"

圆满、充盈，总会有着无限美好的寓意。不过古人好像不喜欢太满，因为他们知道"满"过后将至的是"损"，所以便有了"满招损，谦受益"的词句。在二十四节气中我们看到有小雪大雪、小寒大寒，却没用和"小满"对应的"大满"，这也是中国人独有的哲学与智慧。

"小满"节气，标志着农作物由生长逐渐走向成熟，提醒人们要关注和呵护庄稼的生长了。这个时节要及时除去庄稼周围的杂草，避免它们夺取庄稼的养分，这个过程被称作"耘"。所谓春耕、夏耘、秋收、冬藏，就是告诉我们，要经历春夏的辛勤耕耘，才会有秋天丰收的喜悦和冬天蓄藏的安宁。人生亦如此。

夏天来了，万物至此而大，世界慢慢繁华起来。在这样蓬勃盎然的初夏，我们可以试着在传统文化中滋养一份勤奋与敬重，试着与万物一起长大。若能"小得盈满"，该是件快乐欢喜的事。

芒种话忙闲

汉字
与
节气

印象中，农田里最忙是农历五月。白居易的诗句"田家少闲月，五月人倍忙"，指的就是这个时节。小时候上学，这时候会放假，因为地里的麦子熟了，大人们要紧着收割，孩子们也要去帮忙，所以这个假期被称作"麦假"或"忙假"。

我们家没地，但妈妈也会带我

和弟弟妹妹去田里，看农民们劳作，帮着做些力所能及的活儿。三十几年了，儿时收麦的场景仍历历在目——人们一字排开，顶着烈日、戴着草帽、弯着腰、左手把麦、右手挥着镰刀……都没什么话，只能听见速度的回响，眼看着金黄的麦田蔓延着倒下，如蚕食桑叶，如潮汐扑岸，很是壮观。

长大后才知道那时节叫"芒种"，才知道芒种的意思是"有芒的麦子快收，有芒的稻子可种"，才知道那些天不但要紧着收割，还要紧着播种。万物生长有时，天不等人，所以才会有农忙。真正体会天时，大概只能在农田里才感受得最清晰。

"芒"算是个形声字，上面的草字头表示草或叶子，下面的"亡"表声音。"亡"的甲骨文很有意思，右边是"人"的形状，在手的部位有一个指事的竖画，像是手持盾

牌掩护逃遁，所以"亡"的本义是逃跑、逃亡。如此，再看"芒"字，会不会也有叶子干枯脱落，成熟的穗生出芒刺来保护自己、保护怀抱里孕育的种子呢？想想麦穗儿，再想想这个字，很好玩儿。

草或叶子　　人　　手持盾牌　　生出芒刺
　　　　　　　　掩护逃遁　　保护自己

　　芒种很忙，古人用"芒"命名这个节气，除了表示麦穗成熟，或者也有提醒人们要忙碌起来，准备收割、播种的含义。"忙"字出现得较晚，《康熙字典》里对"忙"的解释是"心迫也"，意思是心被逼迫，慌忙紧张的样子。农人忙，是要顺应天时，紧赶着耕种收割，我们也很忙，有时候想想，真不知道要赶着做什么。

和"忙"对应的是"闲"。"闲"字最早有两种写法，一种和现在的样子相近，外面是"门"，里面是"木"，意思是用木头顶住门，表示安全，可以安心地休息，一种是在"门"上加了个"月"字，表示夜晚，白天在外碌，如今可以回家休整、放松一下了。

门　　　木　　　用木顶住门，
　　　　　　　　安心休息

月亮　　　门　　　夜晚在家
　　　　　　　　休息

说起来，两个字的意思很相似，其中的区别，大概只是安全与闲情的不同吧。我更喜欢后者：入夜无事，门半开，或立或倚，把盏邀月，自在闲静，天地廓然……

　　真正的安全，只在心里。门顶得再牢固，心若慌忙，也难生出安逸。真正的闲情，是博大而宽广的心，心若不"忙"，事情再多再累，也只是安然淡定，从容无碍。古人讲"每逢大事有静气"，说的该也是这份闲情。

　　前阵子读陶渊明，在清淡幽远的诗句里看到了他的"忙"和"闲"。"晨兴理荒秽，带月荷锄归"，不为五斗米折腰的靖节先生，辞官归田，早出晚归，在荒芜的田地里终日劳碌，为的是种豆糊口。即便辛勤如此，不善农事的他仍落得"草盛豆苗稀"的境地，换作我们，怕是早该焦躁不堪了，可那些诗句里，我们读不到半分的哀怨与慌乱，只有

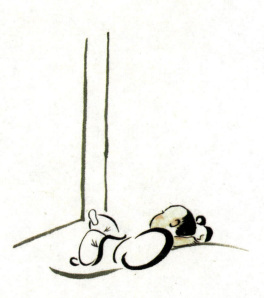

闲情。

　　我们要向古人学习的，该也是这份闲情。不是无所事事，不是好逸恶劳，只是心的宽广与安宁，不为外物所迫，如此才能顺应时节、条理事物，才能更好地学习与生活。时值芒种，或者我们没多少回归农田的机会，但若能想想忙闲的调和，也是收获，不负光阴。

暑假解「暑」

小时候上学不安分，尤其年后，总觉得寒假太短，过年的喜庆与放纵一时收不回来，总要等上个把月才能静下心来读书学习。那时候顽皮，所谓静心，不过是不捣乱不惹事儿，心里照例是不安宁的，盘算着还有几个月该放暑假了，放了假要去哪里玩……

说到暑假，必须先等夏天到了才行——夏至就是一个鲜明的标志。夏至是六月的一个节气，也是二十四节气中较早被确定的一个，这一天白昼最长、黑夜最短。"至"是个指事字，最早是在倒写的"交"下面加了一横表示地板或床铺的指事符号。"交"字很形象，是一个双腿交叉站立的人。倒着的"交"，下面还有床板，很像我们奔波了一天，回到家里跷着二郎腿躺在床上休息的样子，所以这个字后来有了到来、到达的意思。用这样一个形态表示"到"，想想也是有趣。古人造字，有时很严肃，有时很幽默，他们是活泼泼的人，所以才有了这些活泼泼的汉字。

双腿交叉 地板、床铺 回到家躺在床上
倒卧的人

　　"至"字后来引申出极致、终极的含义。古人用阴阳二气的消长来表示节气时令的变换，夏季本身属阳，夏至这天，阳气最盛，所以用"至"字表示。

　　夏天到了，我们也就开始期盼暑假，期盼着各种游戏、各种欢乐。不知道暑假是从哪个年代开始的，据说古代私塾时就有，怕孩子们学习太刻苦，免得中暑。"暑"的本字是"者"，"者"的甲骨文，下面是"火"，上面是"木"，两旁是燃烧木柴飞溅出的火星。古人以木烧火煮食，所以"者"也是"煮"的本字。金文的"者"字底部的"火"改成了"口"，大概是大家围火而食，顺便聊天吧，所以"者"字后来有了"言说"的含义。"暑"字是后来才有的，在"者"上加了"日"，表示烈日下燥热难耐的状态。

木柴　　火　　火星　　烧木煮食　　者

太阳　　煮　　暑

《说文解字》中对"暑"的注释是"热"，古人认为暑乃热之极也。想想也是，"者"有煮的含义，夏季昼长夜短，大地被烈日长

戊戌年夏
简山

久炽晒，地面水分蒸发，人们生活在闷热之中，就像是在笼屉里被蒸煮一般。

如此说，暑假的设置还是很有人情味的。不过小时候也没觉得热，只要能玩儿，每天都是好日子。暑假一般是七月开始，七月有两个节气——小暑、大暑，意思是说夏季最炎热的时节到了。晚清时期，袁世凯组织制定的《山东大学堂章程》中规定："小暑节放学，给暑假"。这是我能查到的最早关于"暑假"这个词的资料。由此看来，暑假最初是和小暑节气相关的，古人注重天时，可见一斑。

在传统的概念里，人们管夏季最炎热难捱的时期叫"三伏天"。三伏的日子是通过古人的干支纪日法得来的，每年入伏的时间并不固定，大约就是在小暑和处暑之间的三四十天。"伏"字的本义很有趣，左边是"人"

右边是"犬"，据说是表示猎人和猎犬。古人外出打猎，带着猎狗，趴卧埋伏、伺机出击，由此引申出隐蔽、隐藏的含义。"三伏"，就是告诉人们随顺天时、休养生息、伏藏不动。

猎人　　　猎犬　　　猎手带着猎犬趴卧
　　　　　　　　　　隐藏、伺机出击

　　我国民间传承着很多饮食习俗，北方在三伏天时有个脍炙人口的食令儿："头伏饺子二伏面，三伏烙饼摊鸡蛋"。细细琢磨这些饮食习俗是很有道理的，伏日里人们容易"苦夏"，食欲不振，往往比常日消瘦虚弱一些，有了这么个食令儿，让人们借机多吃

一点东西，补充些营养，就可以顺利度过最难熬的酷暑。

古人很智慧，他们在天地自然繁复的变化中寻找出规律，顺天应时地做着适宜的事。在快乐的暑假里，我们不妨试着多了解一些传统文化，体悟古人道法自然、天人合一的思想。或许，我们会由此接通远古的智慧，会循着这样一条脉络找到自己的根。

盛夏话清凉

青静

七月的印象只是炎热，以致晴空万里、艳阳高照这些美好的词句也被晒成了贬义。若不是有暑假，很难喜欢上这个时节。

觉得古人也不大喜欢七月。二十四节气，有的名字很诗意，比如清明、谷雨，有的名字颇具哲理，比如惊蛰、小满，而七月的小暑、大暑就很有些应付的意思。"暑"的本义是热，从小热到大热，烦得颇具诗情哲思的古人都懒得费心思了。好比有的孩子不招爹妈待见，又不能不给起个名儿，于是就阿猫阿狗的胡乱安个称呼。

当然这是我瞎猜的，没什么凭据，而且毕竟古人还是有文化，没用小热、大热来命名这两个节气。不过说起来，"暑"字比"热"出现得晚，至少在甲骨文和金文中没有见到"暑"的模样。

"热"字的甲骨文很形象，一个跪坐的人，双手执握着火炬，想想都觉得热。不过这个字最早好像是个动词，表示给某物体加热，《说文解字》中对"热"的解读就是"温"。金文的"温"字，下面的"皿"表示容器，上面的部分是"囚"的简省，表示洗澡的小孩儿。若是这样想，"热"字便很有趣了：

慈爱的父母，在大大的浴盆里灌了水，然后点一支火把，耐心地等水烧温，以便给身边那个顽皮的孩子洗个热水澡……多么温暖的画面。

火炬　　　执握　　　引火加温　　热

洗澡的小孩　　浴盆　　　水　　　加热水给孩子洗澡　　温

和"热"相对的字是"凉"。最早的"凉"字，左边是"水"，右边的"京"表示高台。水，若是不加热，给人的感觉总是清凉的；

东坡说"高处不胜寒",即便是盛夏,站在高台之上,若有清风徐来,也是别样的凉爽。古人把这两个字组合成"凉"字,也是费了些心思,很有趣。不过后来的人更直接,觉得"水"还不足以表示清凉的爽快,索性换成了表示冰的两点水——酷暑难耐,登高乘凉,身旁再放一盆冰,惬意似神仙。

水　　高台　　清凉　　冰凉

不过我更喜欢水字旁的"凉",觉得"清凉"比"冰凉"要舒服得多。比起"凉",我更喜欢"清"尤其是右边的"青"字。"青"的甲骨文,上面是"屮",一株小草的形状,

饼

戊戌年
夏月

简山

下面很像是"曰"的形状，表示矿坑，本义是从矿井里开采出的青草色的矿石。古人会把这种矿石研成粉末，作为绘画的主要颜料，所谓"丹青"，即是古人作画常用的朱砂红和青绿两种颜色。

小草　　　　矿坑　　　　青色矿石

古人应该也是偏爱"青"字的，所以用它组成了很多美好的字：干净澄澈的水流是"清"，阳光明媚的天气是"晴"，炯炯有神的瞳孔是"睛"，善意美好的心意是"情"，文明有礼的言辞是"请"……

还有一个字，也由"青"组成，那便是

安静的"静"。"争"字是两只手在抓抢同一件事物，而在这样的争夺旁边，加了一个表示清明安宁的"青"字，细琢磨，很有深意。说起来，我们的焦躁与宁静往往和寒暑无关，更多的是内心的纠结与执着。孔子说"君子无所争"，大概和"静"字要表述的含义差不多。

清明安静　两手争夺　一件事物　从容淡定

　　我们应该有向往、有追求，但若能时时保持一颗波澜不惊的心，不局限于眼下的对错得失，从容淡定地去面对一时的成败，不消极、不惰怠，最终获得的，或许不只是一

丝生命的清凉，更是由静定而生的大气象。

　　心静自然凉。这个盛夏，试着养一分静气，没准儿能成就一份更高远的格局。

删繁就简，自在活着

说起来，进入农历七月，就算是秋季了。虽然天气依旧炎热，树叶还没转黄，但夜晚时候，隐约还是能感受到一丝凉意，能感知到秋的脚步了。

古人定义秋天的来临，是以"立秋"节气为标志的，立秋的"立"就是开始的意思。立秋的"秋"字很有意思，它的演化经历了由简单到复杂，再由复杂到简单的过程。

　　"秋"字的甲骨文有好几种，最简洁的形状是由寥寥几笔刻画出的一只蟋蟀——弯弯的须子、圆圆的头、尖尖的身体、长长的腿，很是生动。还有更具象的蟋蟀，能看出眼睛、嘴巴、身上的花纹，尤其是突出了背上的翅膀。蟋蟀是靠翅膀的震动来鸣叫的，秋虫鸣，表示秋天来了。秋天才有蟋蟀，用这样一只昆虫，尤其是用虫鸣来表示秋天，古人造字的思路真是有趣。还有一些甲骨文的"秋"字，在蟋蟀下面加了"火"，大概是表示初秋的炎热吧。也有人猜测蟋蟀下面的类似"火"字的部分表示巢穴，意思是入秋天气转凉，昆虫开始躲在巢穴里藏身，也能说得通。

蟋蟀　　　　　　火

　　篆书时的"秋"字，保留了"火"，但蟋蟀的触须变成了"禾"，身体的部分被写成了"龟"。《说文解字》里对"秋"的解读是"禾谷熟也"，秋天是收获的季节，进入秋季，禾谷渐渐成熟了，用"禾"字突出秋天的特性确实更明晰。把蟋蟀改成"龟"不太好理解，据说古代用灼烧龟甲的方式占卜，有可能是秋天收获之后，古人会通过占卜来预测来年的收成吧。

火 + 禾 + 龜 → 龝 = 秋

火　禾　龜

　　再到后来，估计是觉得这个字写起来太麻烦了，有人偷偷把"龜"字去掉了，只保留了"禾"与"火"，于是就有了现在的"秋"字，看起来清爽多了。古人很可爱，生怕自己造的字别人看不明白，于是改了又改，更可爱的是有人偷懒，于是删了又删……简单，有时候是一种智慧。

　　古时候，人们非常重视禾谷的收成，因为它关系着来年的生活。冬的蓄养、春的耕种、夏的耘护，都为了酝酿秋的丰收，所以秋天是充满了希望与欢欣的季节。古代帝王在立秋节气，会带领文武百官去西郊迎秋、

祭祀，祈祷禾谷顺利地成熟、收获。迎秋的仪式很是庄重，古人认为秋天属金，表示金的颜色是白，所以那一天都会身着白色的服饰、乘坐白色的车舆，甚至驾车的马匹都要选白色的……现在想来，那样的场面，一定是肃穆、壮观的。这是古人的信仰，满载着美好的信仰。

立秋之后，是三伏的"末伏"，白天依然酷热，俗称"秋老虎"。熬过末伏，天气渐渐清凉，有些秋高气爽的样子了。这期间有个节气，名叫"处暑"。甲骨文的"处"字比较恐怖：上面是虎头，下面是站立的人，旁边标注出虎爪的形象，很像是恶虎吃人的样子。"处"字有处决、处罚的含义，估计和这个字形有关。这样看来，"处暑"、"秋老虎"，这两个词的意象倒是很相似。

虎头　　虎爪　　站着的人　　恶虎虐人

篆书的时候，有的字形省略了"人"，有的索性把虎头和人形都减去了，只保留了人脚和虎爪的形象。后来，虎爪被写成了"几"，脚被写成了倒着的"止"，许慎在《说文解字》中对"处"的解读是"得几而止"，这里的"几"表示几案，意思是一个人走到几案旁坐下来休息。处暑，也可能是表示炎热的暑气到了这个时节逐渐消退、停止了。

081

停止　　　几凳　　　走到几凳边停下

我们最喜欢的秋天，应该是在处暑之后。天高云淡，空气不再那么潮湿，凉意一下子袭来，万物也像是接到了指令，有序、迅猛地收敛，叶子由绿转黄，草木日渐枯萎凋零，天地间一片清肃气象。

　　自古逢秋悲寂寥，人们看不得万物的零落与简约，会伤感。其实也没什么不舍的，这就是自然，此时的删减与收汇，是为了来年更好地生发。繁华的夏季在七月就要离去了，我们在该爱的时候爱了，在该成长的时候成长了，在该收获的时候收获了，没有遗憾。我们的生命，该是如此，顺着时节，删繁就简，自在活着。

情致盈满的时节

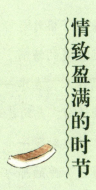

农历八月，天气转凉，空气中透着一股飒爽和清明，银杏叶子眨眼就黄了，金灿灿的，晃眼。尤其处暑后那段时节，若起得早，赶上太阳初升的脚步，能看见湿漉漉的叶子，刚出浴一般鲜灵灵的。八月初，暑气尚未完全消退，水汽于夜晚凝结在草木叶子上，形成晶莹的露珠，在晨曦的映射下格外静好，如沉敛卓异的女子，如幽远空灵的清唱。"蒹葭苍苍，白露为霜，所谓伊人，在水一方。"《诗经》里这句绝美的诗句，大约就是出自这个时节。

白露，是这时段一个节气的名字。因为《诗经·蒹葭》里的那句话，这个节气比其他日子多了几分诗意与情致。

古人将一年分作四时，每时分六气，每气分三候，于是有了四季、二十四节气、七十二候。古人对白露节气三候的描述也颇具诗情：初候鸿雁来，二候玄鸟归，三候群鸟养羞。白露初候，天上能见到自北向南飞的鸿雁，在天空中整齐地排成一字形或人字形，很是壮观。玄鸟，是古时候对燕子的称谓。白露二候时，燕子们也开始南飞避寒了。"玄"字的甲骨文，下端像是绞旋的丝线，上端像是丝线顶部的系结，本义是表示古时染丝用的丝结，后来引申为赤黑色。燕子的身体是黑色的，所以有了"玄鸟"这么雅致的名字。还有很多鸟儿，不愿飞那么远，于是开始储存食物，准备过冬。"羞"字的甲骨文，左边是"羊"，右边是一只手，表示进献美味。后来演化，便有了"馐"的含义，表示精美的食品了。古人的文字都是有温度的，即便是叙述天文气候，都如此生动、美好。

085

绞旋的丝线　　系结　　染丝用的丝结　　玄

羊　　手　　进献美味　　羞

白露之后的节气是"秋分"。顾名思义，"秋分"就是把秋天分作两半。古人按节气定义季节，秋季自"立秋"至"立冬"共90天，"秋分"日刚好处于正中。和春分一样，秋分这天，白昼和黑夜的时间均等，只是秋分之后夜晚逐渐变长，在我们看来，就是天亮得越来越晚、黑得越来越早了。

秋分是二十四节气中最早被确定的节气之一。古人用圭表记录太阳的轨迹，圭板上的光影，最长的点是冬至，最短的点是夏至，两点正中便是春分和秋分。冬至是阴影最长处，阴极阳生，天象纯阳，所以古人冬至祭天；夏至阴影最短，之后渐渐变长，古人认为这是"阴"的起始，地象纯阴，所以于是日祭地；春分之后，阳盛于阴，古人认为星辰中"日"属阳，于是在这一天祭日；秋分祭月的习俗，也是由此而来，古人觉得月亮最能代表"阴"。

甲骨文的"祭"字，呈现了远古祭祀的场景——左边是滴血的肉块，右边是手，表示手持鲜肉敬供先祖。有的甲骨文加了"示"，上面的横表示天，下面的竖表示上天垂象，于是"祭"字有了向上天祈祷的含义。春分祭日、秋分祭月、冬至祭天、夏至祭地，是古人对天时的尊崇与敬畏。

鲜肉　　手　　敬供　　上天　　祈祷
　　　　　　祖先　　垂象

087

不过祭天、祭地、祭日都好说，天地亘古不变，太阳也升落有序，唯独秋分祭月时，未必能赶得上月圆。节气是根据太阳的运行规律制定的，月亮的盈亏和节气没有必然的

对应关联，所以秋分时候，月亮常常是亏缺的形状。亏，古人觉得不美好，尤其是祭月时月不满，有些煞风景。在古人心里，按时节祭祀很重要，但圆满、美好更重要。于是后来，人们在秋分前后找了个月圆的日子祭月，两全其美。八月十五"中秋节"，就是从秋分祭月的习俗演化而来。古人不呆板，很多时候，情怀大于内容。

　　既然是为了看满月，为了圆满的寓意与寄托，快乐与团圆便成了"中秋"的主题，以至逐渐替代了最初"祭月"的本意。古人好美食，还要找出很多名目，于是在这一天做出各式各样圆圆的月饼，又好吃又好看。由此我们也能看出古时祭礼的演变：鲜肉变成了月饼，敬畏转化成更祥和、更美好的向往。

　　我们继承传统文化，吃喝玩乐是很重要

的一部分，于是中秋节对现在的孩子们来说几乎等同于"月饼节"。这也没什么不好，吃着月饼赏着月，开开心心团团圆圆地过节，也是种情趣。不过如果我们能再学学古人的变通与情致，吃月饼之外能想想圆满与向往，想想白露秋分，再或者吟唱两句"蒹葭苍苍，白露为霜"，没准儿能养出些温度与情怀，生活也会因此平添几许淡然与幸福。

不负深秋

总觉得秋天很短。可能是怕热的缘故，炎夏显得格外漫长，于是秋风起时，倍加珍惜。农历七月的秋，大半还在三伏，酷暑未消，算不上秋意。要到八月，天高云淡、清爽廓远，才有了秋的味道。九月的秋意最浓，天地一片萧瑟，还带出些冬的序曲，倒是别有一番韵致。

古人讲秋收冬藏，"收"有收割、收获的含义。"收"字左边的"乚"是"纠"的本字，表示用绳子捆绑，右边的"攴"是击打的意思。秋季，田地里的庄稼成熟了，收割、捆绑、运回家，然后轻击脱粒，归存粮仓……一个"收"字，完整地呈现出农人秋收的景象。

捆绑　　　击打　　　收割归仓

秋分前后正是农作物收获的时节，在忙碌完收割、欢庆完丰收之后，人们会满怀着喜悦筹备冬的蓄藏。这个阶段，一般是在农历九月，这时也被称作"季秋"。"季"字上面的"禾"是"稚"字的简省，"稚"是晚种的禾谷，也表示幼小，加上下面的"子"，表示排行最后的孩子。季秋，是指秋天的最后一个月。季秋时节，农作物成熟、收割，草木枯黄凋落，有些动物也开始蛰伏备冬，很像是忙碌了一天的人，黄昏日暮时收拾东西，准备休息了。所以秋收的"收"，也有收敛的意思。

"稚"的省略　　　小孩　　　排行最后的孩子

　　九月初九重阳节，据说最初就是欢宴丰收的日子，到了汉代，又有了登高、佩茱萸以求长生的习俗，大概是古人认为"九"是阳数，且有"久"的谐音吧。不过我觉得这

更像是一种告别，季秋时分，天地万物迅速、有序地收敛，人们也准备沉潜下来，积蓄力量、休养生息，迎接新的一年。

这时如果细细观察，会发现许多不一样的美好：天气由凉转寒，露气凝结，木披白霜，菊生黄花……这是寒露和霜降节气的特征与由来。在北方，过了寒露，能明显感觉出一天比一天冷了。

寒露节气有三候。一候鸿雁来宾："宾"的甲骨文，上面的"宀"表示房屋、王宫，中间的"元"有远方的含义，下面的"止"是行进，本义是从远方前来觐见，后来引申出宾客的含义。寒露时节，天空南飞的鸿雁未尽，像是久来未去的贵客；二候雀入大水为蛤："雀"字上面是"小"，下面的"隹"是鸟的象形，所以"雀"表示小鸟。古人想象力很丰富，发现寒露之后鸟儿都不见了，然后在海边发现了很多和鸟儿花纹相似的蛤蜊，于是想着它们都是鸟儿们变的；三候菊始黄华：黄华的"华"字，甲骨文就是花儿的形状，意思是这时候秋菊开出了黄色的花儿。

房屋　　　远方　　　行进　　　从远方
　　　　　　　　　　　　　　　　来觐见

小　　　　　鸟　　　　体型小巧的鸟

树木　　　花枝　　　花

晚秋时候，草木凋零，百花萎谢，唯有菊花独妍，所以古人把它写到气候里，作为标志。菊花历来被文人所爱，是"梅兰竹菊"四君子之一，古人对于节气，是赋予了情怀与生命的。

还有节气"霜降"的名字，仔细想想也很有趣。甲骨文的"降"字，左边是"阜"的原型，很像是山崖的石级，一级级的，右边是两只脚，脚趾向下，表示沿着石级向下走，所以有下降的含义。霜降节气，早晨起来，草木之上不见寒露，全是层层薄霜，晶莹剔透的，很好看。不过古人完全可以把这个节气命名为"白霜"、"寒霜"，或者"冰霜"，又不是漫天的雪花从天上飘下来，为什么要用"降"字呢？但细细品味，恰是这样一个"降"字，让我们感受到了天地间庞大的秩序，感受到了秋天的沉潜与收敛，感受到了古人

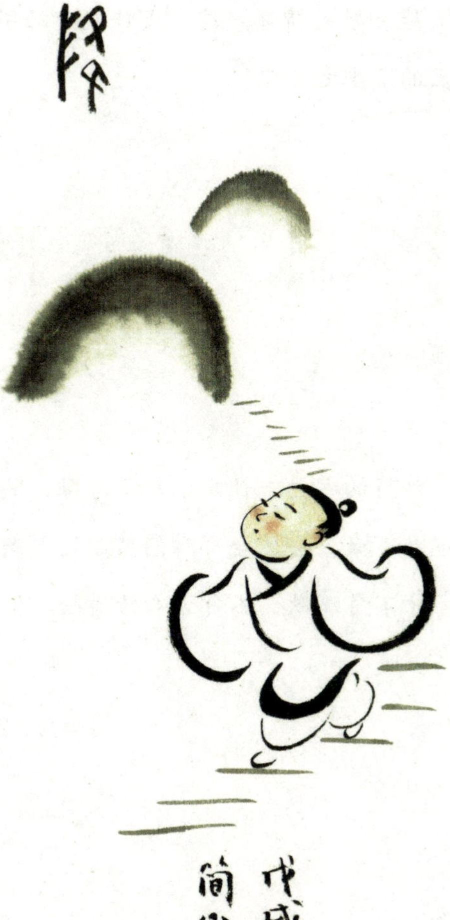
降
戊戌

与天地相融的情怀。这，或许就是汉字中所蕴藏的清幽之美吧！

山崖的石阶　　双脚行进

　　静好的九月，让我们放下浮躁，随着自然沉敛下来，去体会那种悠然廓远之美。如此，才不负深秋，不负古人传递给我们的博大与温暖。

孕育着希望的冬天

如果把春看作是四季的开始，到了农历十月，我们便进入了一年的最后一个季节——冬。十月的北方，空气中能嗅出丝丝的寒意，盛秋欢愉未尽，冬的宁静便悄然在侧了。

到了冬天，往日湍急活泼的河流眼看着安定下来，如同酣睡的婴儿，温厚松软的土地渐渐收敛了肢体，进入休憩的状态。失去滋养的草木大都归于沉寂，空余孤零零的枝干，静待新一年的来临，有些动物也应时地准备冬眠了。这时人们也停止了田间的劳作，开始悠闲起来、舒缓自己，与天地一起进入了慵懒的姿态。俗话说"睡不醒的冬三月"，应该不是偷懒儿，是人与自然的应和。

古人把世间的事物分作阴阳，沉潜、宁静的属性称为"阴"，上进、积极的属性称为"阳"。若以此划分，冬和夏便具备很明显的阴阳特征，春秋也可以视作它们的前奏了。所以在我们的认知里，四季在经过春的生机、夏的热烈、秋的收敛之后，自然迎来了冬的安宁。

标志冬季来临的节气是立冬。甲骨文的"冬"字很简单，像是一束丝线，两端打了结，表示末端、终了的意思。据说这是出自"结绳记事"的典故，一件事物记录结束，在绳索两端打结表示记事终结，所以"冬"字的本义是"终"。

记事的绳子　　绳结　　记事的主题结束

金文时，有的字形在绳结下面加了"日"，表示时间，意味着一个计时周期的结束。丝线有终结，四时也有尽处，用"冬"字来命名冬季，除了标记四季流转的节点，我能读到的意味，更多是万物的沉潜、隐遁与归藏。"藏"有储藏的含义，秋收冬藏，指的是农事——冬天来了，把秋天收获的谷物储存起来，以备来年播种和食用。不过我更愿意把

"藏"字理解为隐匿，在我看来，"冬"并非万物的终结，只是形质与精神的聚拢。或者说，更像是一种蓄养。

终结　　太阳　　一个计时周期的结束　＝冬

　　古人对立冬节气的描述是"水始冰，地始冻"。"冰"和"冻"都是水遇寒而凝的意思。"冰"字最早是象形的"仌"，后来可能是为了让人们看起来更明了，才在右边加了"水"。"寒""冷""冻""凝"等表示寒冷的字，其中的"两点水"最早都是"仌"字。包括"冬"，演变到篆书的时候，也在原来的字形下面加了"仌"来标注入冬

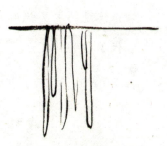

后水凝结成冰的物象，专指冬季，而最初表示终结的本义就用加了"糸"字的"终"替代了。

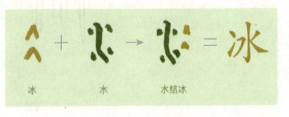

冰 ＋ 水 → 水结冰 ＝ 冰

冬 ＋ 结冰 → 结冰的冬季 ＝ 冬

事有终始，有始必然有终，有终才能孕育出新的开始。庄子说"方生方死，方死方生"，天地间的事物，皆是在如此的循环中精进着、成长着。只是人们大都注重"始"，比如面对春的欢欣。最重视"终"的是秦朝，那时以入冬为岁首，祭祀、贺年都在入冬第一天，像是现在的春节。如今民间流传的立冬日祭祖、饮宴、卜岁等习俗，大概就是那时流传下来的遗风。

古人很重视立冬，从先秦到汉魏，都有立冬日天子斋戒迎冬的记载。据说迎冬的礼仪非常庄重，立冬前三天，太史会正式汇报，然后天子或皇帝开始斋戒，并在立冬日率群臣出北郊祭祀。

那时的"斋"不是指现在的吃素念佛，而是整洁身心，以示敬重。"斋"字出现得晚，最早表示"斋"的字是"齐"。甲骨文的"齐"字像是三株吐穗的禾麦。三表示数量繁多，所以"齐"是借用了禾麦抽穗成熟时高度一致、顶部齐平的意象。这个字很有画面感，在我眼里就是大片大片整齐划一的

冬冰斋帝　禅戒

麦田……

整齐　　　"禅"的省略　　斋戒祈福

　　后来在"齐"字下面加了"示"，才有了我们现在看到的"斋"。"示"字往往与祭祀、礼仪相关，所以"斋"字强调了重大活动前心性与行为的洁齐。有人说这里的"示"字是"禅"的简省，"禅"字右边的"单"是"战"的省略，整个字的意思是通过祭祀祈求免于战乱，获赐和平与安宁。如此，最早的"斋"，该是有止战、止杀的含义。

祭祀　　　"战"的省略　　　祈求和平

　　《说文解字》中对"斋"的解读是："戒，洁也。""戒"字的甲骨文是双手执戈的形状，以示警惕、戒备。用"戒"解释"斋"，表示了行事的严谨。"洁"的意思是新鲜、干净，用"洁"解释"斋"，突出的是内心的安宁与纯净。古人讲"洗心曰斋"，那时的"斋"，应是沐浴更衣、收心敛念、不理事务、精诚专注的状态。

戈 　　　　双手 　　　警惕备战

戈　＋　双手　→　警惕备战　＝　戒

　　细想想，"斋"的意象与冬季的收敛凝结很是契合。冬季的静谧与遁藏，很容易让一个人安定下来，可以检点自己的过往，齐整自己的思想，涤除许多无谓的杂乱。这种身心的宁静与精一，可以孕生出一种力量，这种力量，可以开启智慧。

　　立冬节气，天气还不十分寒冷，只隐隐约约感觉到秋的离去。这时节，水即便结冰，也只是薄薄的一层。真的寒意要到十月下旬，小雪节气前后，空气中会弥漫出冷意，若是有雨，会在空中凝成小雪。不过这时节能明显感受到的，是大地开始休息了，经历了一年的滋养与付出，大地慢慢沉寂下来，如果用心体会，能听到其宁静的呼吸，还有呼吸里孕育着的丰盈的希望。

这个冬天，我们可以试着把神思收回，清洗一下因为忙碌、奔波而蒙尘的心。很有可能，会发现迷茫的世界竟然在心里澄亮起来，包括未来和通往未来的路。如此，这个冬季便不是生命中一个段落的终结，而是另一个孕育着希望的起始。

109

期盼一场雪

北方的冬天，最美莫过于漫天飞雪。簌簌的雪花庞大而有序地从望不尽的天空中蜂拥而至，天地由此寂然相接，浑为一体。这时来郊外赏雪，常常能感知到人世的苍茫与廓远，那些烦心事，往往也在这连天的大雪中扫荡殆尽了。

冬雪的美，不只是落雪时，还

有雪霁初晴之后。万物卸了妆，隐遁了纷繁的颜色，只一味地简单、洁净，与盛夏的华丽不同，别是一番沁人心脾的绝美。此时若值清晨，朝阳于白雪之上再抹一层碎碎的金，想想都能醉了。

其实，我不是很喜欢冬天，天地闭塞、万物枯零，总觉得少了一分生机，唯一期盼的，便是一场大雪，还有雪后的纯粹与简净了。

阳历的岁尾，有两个节气，第一个便是"大雪"。或许在古代，这个时节往往会有大雪如期而至吧！这个节气的到来，标志着冬季进入第二个月，也就是仲冬了。

"雪"字篆书的字形，上面是"雨"，下面是彗星的"彗"。"彗"字的甲骨文没有下面的"彐"，很明显是一把扫帚的形状，这也是"彗"字的本义，所以我们常把彗星

雪宅说悦

111

称为"扫帚星"。到后来，"彗"字的小篆字形下面加了一只手——"又"，表示人拿着扫把，再后来，"又"字慢慢楷化成"彐"了。

雨　　彗、扫帚　手　　雪

　　入冬，雨落，遇寒而凝，成了雪。以古人的智慧，其实可以用更简单的符号来表述凝结的形状，比如"冰"字甲骨文的形状就很像两朵雪花，完全可以在"雨"字下面加上"冰"来表示雪，为什么非要用"彗"呢？有时我会想，或许是古人也曾感慨飞雪连天的气象，也曾感动于大雪扫过，世界静谧如

雪

戊戌年简山作

初的洁丽吧。

好像不只是我喜欢雪，《说文解字》里许慎对"雪"字的解读是"凝雨，说物者"，"说"是"悦"的通假字，许慎觉得雪是可以让万物喜悦的。其实"说"和"悦"出现得都比较晚，最早表示"说"的字是"兑"。"兑"的甲骨文，下面是人，中间是表示说话的"口"，上面的"八"强调了发出的声音，据说最初的含义是颂祝许诺、赞美神明以求安康幸福。后来的"兑"字引申为兑现承诺，说话的意思由加了"言"字旁的"说"替代了。如此，"兑"字最初说的话，除了许诺，就是赞颂。被人赞美，自然是欢喜的，而赞美别人，自己也会心生愉悦，所以后来人们在"兑"字旁边加了"心"，表示内心的欢悦。

亻 + 口 + 八 → 兑 = 兑

人　　说话　　声音　　祝颂许诺，
　　　　　　　　　　　　赞美神明

言 + 兑 → 說 = 说

言　　兑

心 + 兑 → 悅 = 悦

心　　兑

雪文
115
说悦

　　雪能"悦"物，万物也因此而皆雪。尤
其是植物，冬天潜于地下，如果地面能铺一
层厚厚的雪，植物可以取暖，不致冻伤，春
回大地时，雪化成水，还可以滋养生命。所

以自古便有"瑞雪兆丰年"的说法，可见古人对雪的期盼与热爱与我们是没分别的。

"大雪"之后的节气是"冬至"。冬至应该是古人用圭表测量日影长度后最先确立的节气。因为冬至这一天，圭板上的日影最长，之后便逐渐缩短，到夏至那天日影又渐渐增长，如此往复。古人由此体悟出物极必反的道理，夏至后一直剥落消退的"阳"，在冬至阴极之时重新焕发了生机，这也就是人们常说的"冬至一阳生"。从周代一直到秦，包括汉代前期，人们都是把冬至视作岁首，在这一天过年迎新的。

古代的君王很重视冬至。这一天，皇帝会带领文武百官去郊外祭天，北京的天坛就是为祭天而建的。此外，《易经》里有"先王以至日闭关，商旅不行"的词句，《后汉书》里也记载着："冬至前后，君子安身静体，百官绝事。"大概意思就是说冬至这天全都放假在家静养，谁都不用干活儿了吧。

冬天，万物皆藏，人们放个大假休息休息，也算是顺天应时。如今的冬至是不放假了，这倒也没什么，我对假期的渴望，远没有一场雪来得恳切。岁末将至，期盼着能有一场大雪如约而至，该有多好。

117

日历里的光阴

日子过得真快，元旦之后，又是新的一年了。时光流转冬去春来，日子一天天过着本没什么不同，新年倒更像是一种提醒：该回顾一下过去，展望未来了。不过作为辞旧迎新的节点，总让人觉得满是朝气，如同清晨冉冉升起的太阳，唤醒的不只是万物，还有一份生机和希望。

新年前，家家户户几乎都会准备一样东西——新日历。喜庆的封皮散发着墨香，翻开看，里面清楚地排列着月、日、星期，方便我们的学习和生活。再细看，有些日历上还用小字标注着阴历和节气，也就是我们传统的"农历"。

日历的"历"，最早的字形是由"林"和"止"组成，"林"表示树木丛生，"止"是一只脚的形状，表示行走，整个字的意象很明显，就是穿越山野丛林。《说文解字》对"历"的解读是"过也"，也是经过的意思。如此，这个字的本义便很明晰了，包括由此引申出的游历、经历、历练也都好理解了。

119

丛林　　　　行走　　穿越丛林

有的甲骨文，把"历"字中的"木"写成了"禾"，可能是表示穿过农田，也可能是借用了禾谷成熟历经岁月的意向吧。到金文时，"禾"的旁边又加了表示山崖的"厂"，应该是突出难度，强调翻山越岭的艰辛。有的"历"字，下面的"止"变成了"日"——用太阳翻越山岭丛林来表示时间的迁移和岁月的更迭，于是有了光阴流逝的含义。

丛林麦田　　　石崖　　　时光　　光阴流逝

用"光阴"这个词来表示时间，应该跟古代用光影计时有关。很早的时候，古人就发现，在阳光的照射下，树木、房屋等物体会在地面上投射出影子，而且随着季节的变换，影子的长度会有变化。比如夏季影子比较短，到了冬季影子会长一些。于是人们就在平地上立一根竿子，在竿子正北方平铺一块石板，正午的时候测量石板上竿子的阴影长度，用来计算和了解日期和时间的变化。那根竿子被叫做"表"，那块石板被称作"圭"，我们祖先发明的"圭表"，是世界上最早的计时器。

"读书不觉春已深，一寸光阴一寸金。"寸，是古代的计量单位。"寸"字最早的形状，是在表示手的"又"字下面加了一横指事符号，意思是手腕部的某个位置。中医切脉，就是用手指点压此处，被称作"寸口"。"寸口"离掌根的距离，后来被定义为一寸。所谓的"一寸光阴"，指的就是圭板上表影伸缩的长度。

手　　　　指事　　　腕部某个位置

　　一年里，光阴的尺寸是不断变化的。古人观察着光阴的变化，并把光影往复的节点刻录下来，由此精确地知道了一年有多少天。日历上标注的节气，比如立春、夏至、秋分，都是如此逐渐被记录下来的。

　　节气标志着季节、物候和气候的变化，几千年来，人们日出而作、日落而息，用节气指导着耕种与生活。节气的名称大都很形象，比如元旦之后的两个节气——小寒、大寒，只看名字，就能知道冬天最冷的时候到了。

　　甲骨文的"寒"字，中间是身体的"身"，

身旁是三个"屮"，表示草堆，右边是"爿"，表示床，整个字像是一个人蜷缩在铺满草的床上，象征着天气的凄冷。有的甲骨文用表示房屋的"宀"代替了"爿"，用"人"代替了"身"，用四个点代替了草堆。到金文的时候，"寒"字变得更加具体了：保留了房屋、草堆和人的形象，又在"人"下面加了表示夜晚的"夕"和寓意寒冷的"仌"。在这样的"寒"字里，我们清晰地看到——寒冷的结了冰的冬夜，一个人，瑟瑟地躲在屋子里，依偎着厚厚的草褥取暖。我们古老的文字，很多都是用这样简洁具象的符号组合而成的，很形象，很直观，很生动。

123

身体 + 草堆 + 床 → 天气寒冷 = 寒

房屋 + 人 + 草堆 → = 寒

草堆 + 房屋 + 人 + 夕 + 冰 → = 寒

　　由"小寒"到"大寒"，天气越来越冷，人们不再劳作，一家人守在屋子里取暖，等候春天。在我的认识里，这时可以算是一年中最美好的日子——时值腊月，学校里准备

放寒假，大人们开始收拾东西、洒扫屋院，准备迎接春节了。

　　翻阅着新日历，欣赏着四时轮转，感受着中华民族的智慧，由衷地欢喜。在迎接新年的时节，浏览着光阴，回顾着过去，一点点地思想着、成熟着、经历着，不负年华。其实中国人的生活自古就这样，依着天时成长，有春夏的勤劳，有秋的收获，也有冬天的沉淀与思考。这是一种简单、积极的生活态度。韶华易逝、岁月难留，在光阴穿行的节律里，我们能时时进步就好。

后 记

　　大概是 2015 年秋天，《宝葫芦》杂志找我写个专栏，主题由我定，专栏名就叫"舍之学堂"。当时正给孩子们讲二十四节气，于是 2016 年写了 12 期关于节气的文章。

　　节气文化我接触得比较早。十几岁时痴迷《易经》，那些卦象变化的背后，都是阴阳的消息，而最能体现阴阳流转的，除了昼夜寒暑，就是二十四节气了。后来研究地支，发现其对应的月份，包括表示地支的汉字都与节气有关。比如二月地支为"卯"，甲骨文像有铆钉的门，而古人定义"卯月"是自惊蛰节气开始的，惊蛰最早被称作启蛰，"启"的甲骨文就是用手推开门的形状，所以古人有"卯月天门开，万物冒地而出"的阐述。

很可惜，没办法把我认知的卦象、地支与节气联系起来写给孩子们看，只能从汉字入手，带孩子们慢慢认知节气背后的文化内涵，感受古人洞明天气物候的智慧。

一直没敢给孩子们讲《易经》，怕讲不好，领他们入了歧途。其实我于《易经》最大的受益是思维的构建，那是中华文化独有的思维模式，依此进入经典，才有可能与古人契合、融通。我写《汉字与节气》，念念不忘的，是想通过汉字的意象和节气的哲理塑造孩子们易思维的模型。不过我知道，这只能是个潜移默化的过程，急不得。

说起来，这套《汉字中国》，缘起便是这些关于节气的文章，《宝葫芦》主编将它们推荐给少年儿童出版社的编辑朋友，才有了这套丛书的付梓。

感恩因缘。

田舍之

戊戌夏至于潮白河随寓

图书在版编目（CIP）数据

汉字与节气 / 田舍之著 . —上海：少年儿童出版社，
2018.12
（汉字中国）
ISBN 978-7-5589-0497-4

Ⅰ.①汉 ... Ⅱ.①田 ... Ⅲ.①汉字—少儿读物
Ⅳ.① H12-49

中国版本图书馆 CIP 数据核字（2018）第 262988 号

汉字中国

汉字与节气

田舍之 著

简　山 绘图

赵晓音 装帧

梁　燕 策划

责任编辑 韦敏丽　美术编辑 赵晓音
责任校对 沈丽蓉　技术编辑 许　辉

出版发行 少年儿童出版社
地址 200052 上海延安西路 1538 号
易文网 www.ewen.co　少儿网 www.jcph.com
电子邮件 postmaster@jcph.com

印刷 天津旭丰源印刷有限公司
开本 787×1092　1/32　印张 4.5　字数 46 千字
2022 年 3 月第 1 版第 3 次印刷
ISBN 978-7-5589-0497-4 / Ⅰ·4375
定价 35.00 元